改訂版

NEW
マーク・記号の大百科

2

算数や
理科、
気象

もくじ ➡

©PIXTA

この本を読むみなさんへ

太田幸夫

　私たちの身の回りには、たくさんのマーク・記号があります。家にある電気製品、学校で使う文房具やコンピュータ、図書館にある本、駅にある案内表示、街にある自動販売機や道路標識など、さまざまなマーク・記号が思いうかぶでしょう。

　マーク・記号は、「色や形で意味を表すしるし」です。そして、それを目にした人に、何らかの意味を伝えるという役割を持っています。人に何かを伝えることを、コミュニケーションといいます。コミュニケーションの道具として、まず思いうかぶのは、ことばや文字かもしれません。ことばや文字も広い意味では、マーク・記号にふくまれますが、ことばや文字だけでは、伝えたいことがじゅうぶんに伝わらないこともあります。ことばの通じない外国人や文字の読めない小さい子とコミュニケーションをとることを想像すればわかるでしょう。そんなときに、見ただけで意味をイメージできる、ことばや文字以外のマーク・記号が大きな役割をはたします。

　このシリーズ、『改訂版　NEWマーク・記号の大百科』では、身の回りにあるマーク・記号を取り上げ、その意味や成り立ち、役割などを説明しています。この本を読むことで、マーク・記号についての知識を深めるとともに、マーク・記号が持つ大きな可能性に気づいてもらえればと思っています。

　現代は、国際化が進み、さまざまな国の人たちとの交流がさかんです。また、地球環境を守ることにも関心が高まっています。いっぽうで、大地震や津波などの災害も心配されています。じつは、マーク・記号は、こうしたこととも深い関わりを持っています。まさに現代は、マーク・記号がなくてはならない時代だといえるでしょう。このシリーズの「NEW」には、たんに「新しい」という意味だけでなく、「時代が求めることに対応している」という意味がこめられているのです。

このシリーズの使い方

『改訂版　NEWマーク・記号の大百科』では、巻ごとにテーマを決め、そのテーマに関するマーク・記号を取り上げています。マーク・記号の意味や成り立ち、役割を説明するとともに、使われている製品などの写真をのせています。身の回りのマークや記号について調べる際の参考にしてください。どのページにどんなマーク・記号がのっているかを調べるときは、もくじやさくいんをひいてみましょう。

注意

●マーク・記号は、法律で定められているもの、JIS（日本産業規格）やISO（国際標準化機構）の規格があるもの、業界の団体や企業が独自につくっているものなどがあります。ここでは、できるだけ、マーク・記号の制定者・団体が定めたものを紹介しています。

●マーク・記号の名前は、原則として正式名称にしています。

●印刷用インクの関係で、指定されている色と少しちがう色になっているマーク・記号があります。

●色の決まりのないものは、独自につけている場合があります。

●JISの規格があるマーク・記号は、そのことがわかるように表示しています。

※本書は、『NEWマーク・記号の大百科』（2016年刊）を改訂したものです。
※特に断りのない場合は、2020年1月現在の情報に基づいています。

世界のお金の単位

国によって、使うお金（通貨）の単位がちがいます。たとえば、日本では「円」が使われますが、アメリカでは「ドル」が、ヨーロッパの多くの国では「ユーロ」が使われます。「円」、「ドル」、「ユーロ」などのお金の単位は、記号で表すことができます。

➡世界各国のお金（紙幣）。
Ralf Siemieniec/Shutterstock.com

中国
人民元

ブラジル
レアル
R$

ロシア
ルーブル
₽

南アフリカ
ランド
R

ヨーロッパ各国
（フランス・ドイツ・
スペインなど）
ユーロ
€

⬆レアルの表示がある値札のシール（ブラジル）。
Luis Carlos Torres/Shutterstock.com

イギリス
ポンド
£

⬆ポンドの記号のある値札（イギリス）。
Baloncici/Shutterstock.com

⬆ユーロの記号が使われている値段の札（オランダ）。
©PIXTA

4

フィリピン
ペソ
₱

タイ
バーツ
฿

ケニア
ケニア・
シリング
KSh

インドネシア
ルピア
Rp

↑ドルの記号が使われている看板（アメリカ）。

アメリカ
ドル
$

オーストラリア
オーストラリア・
ドル
A$

韓国
ウォン
₩

↑ウォンの記号がかかれている看板（韓国）。
©PIXTA

日本
円
¥

↑円の記号がかかれた魚の値札（日本）。
©PIXTA

算数のマークや記号

　算数の授業やものを数えるときに使う数字は数を表す記号のひとつです。0〜9のほかに、一、二と漢字で表す数字もあります。また、数字だけではなく、「＋」「−」「＝」など、計算で使う記号や、メートル、キログラムといった単位など、算数や数に関わるマークや記号はたくさんあります。

数字

証券会社の店頭にある電光掲示板。株の値段に関する情報が数字で示されている。

計算の記号

計算をするときは、＋、−、×、÷、＝などの計算の記号を使う。

単位の記号

マラソン大会のようす。m、kmなどの長さの単位を表す記号は、身近なところでよく目にする。

温度の単位の記号には、「℃」が使われる。

只今の気温

41 km

算用数字ができるまで

私たちがふだん使っている算用数字は、アラビア数字とも呼ばれます。この名前のため、アラビアで生まれたような印象がありますが、実際はインドで生まれたものといわれます。インドで生まれた数字が世界中に伝わる間にいろいろな形に変化し、現在の数字のような形になりました。

インドの数字

「0」という数字が生まれたのも、インドだといわれています。それより前の時代には、何もないけたを表すのに、現在の「0」に当たる「・」を用いていました。

0	1	2	3	4	5	6	7	8	9

インドの数字の例。デーヴァナーガリーという文字で、現在も使われている。

アラビアの数字

インドの数字はアラビアに伝わりました。やがて、アラビア（カリフ国という）は東西に分かれ、数字の形も変わりました。西側のアラビア（西カリフ国、929～1031年）の数字が、アラビア数字としてヨーロッパに伝わりました。

1	2	3	4	5	6	7	8	9

西カリフ国の数字。

ヨーロッパの数字

西カリフ国からヨーロッパに伝わった数字が世界中に広まっていきます。その間に、少しずつ現在の算用数字の形に近づきました。15世紀ごろには現在とほぼ同じ形になったといわれます。

0	1	2	3	4	5	6	7	8	9

15世紀のヨーロッパの数字。

いろいろな数字

現在の算用数字とは別につくられた数字もあります。バングラデシュのベンガル数字や中国、台湾、日本で使われる漢数字などです。地域によっては算用数字ではなく、これらの数字が使われています。

	0	1	2	3	4	5	6	7	8	9
ベンガル数字	০	১	২	৩	৪	৫	৬	৭	৮	৯
タイ数字	๐	๑	๒	๓	๔	๕	๖	๗	๘	๙

大昔のいろいろな数字

　大昔には、現在のような数字はまだ使われていませんでしたが、数を表す記号は、これまでにいくつも発見されています。初めは、動物の骨や木の棒などに刻み目をつけて数を表していました。その後、古代文明が生まれたエジプトやバビロニアなどで、より便利な数字が使われるようになりました。

古代エジプトの数字

1から9までは、棒のような形を並べます。10になると家畜の足かせの形になります。90まではこの形を並べ、100になるとまた別の形になります。

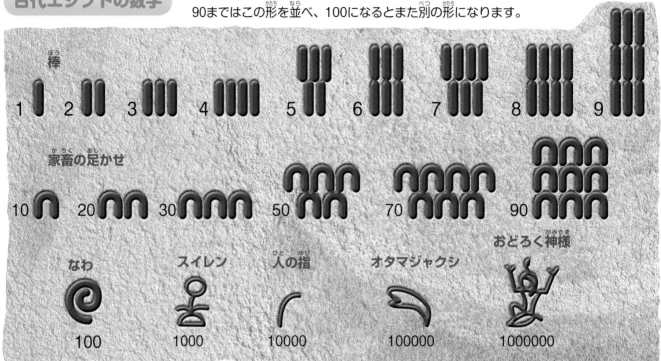

古代バビロニアの数字

くさび形の文字を使っていた古代バビロニアでは、数字もくさび形です。大きな数は、かけ算の方法で表しました。

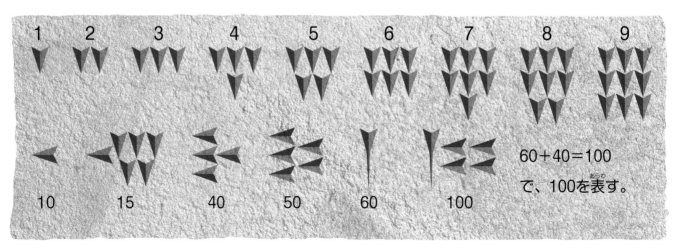

60+40=100で、100を表す。

古代ギリシャで使われていた数字は、2種類発見されています。初めは「アッティカ方式」で、その後「イオニア方式」になったといわれます。

アッティカ方式

1、10、100などを表す記号のほかに、5、50、500などを表す記号があります。

下でしょうかいしている古代ローマの数字に似ているところがあります。

I	II	III	IIII	Γ	ΓI	ΓII	ΓIII	ΓIIII
1	2	3	4	5	6	7	8	9

Δ	ΔΔ	ΓΔ	ΓΔ	ΓΔΔ	H	HH	Γ̄	Γ̄H
10	20	50	60	70	100	200	500	600

X	XX	Γ̄	Γ̄X	M	XΓ̄HΓ̄III
1000	2000	5000	6000	10000	例）1653

イオニア方式

1～9に、アルファベットの最初の8文字と古文字を当てています。900までは同様に表します。

文字と区別し、数字であることを示すために、下のように、文字の後ろに「'」（アポストロフィ）をつけていました。

α' β'

α	β	γ	δ	ε	ς	ζ	η	θ
1	2	3	4	5	6	7	8	9

ι	κ	λ	μ	ν	ξ	ο	π	ϙ
10	20	30	40	50	60	70	80	90

ρ	σ	τ	υ	φ	χ	ψ	ω	ϡ
100	200	300	400	500	600	700	800	900

͵α	͵β	M	$M^β$	$M^γ$	$M^β$͵θφμγ
1000	2000	10000	20000	30000	例）29543

1000を表す場合、文字の前に「͵」をつける。

古代ローマの数字は、時計の文字ばんなどに使われることがあるので、見たことがあるでしょう。

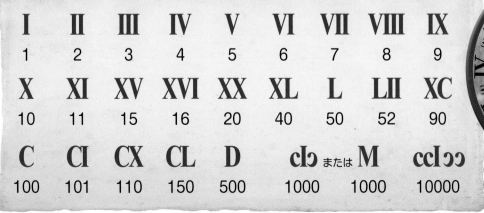

I	II	III	IV	V	VI	VII	VIII	IX
1	2	3	4	5	6	7	8	9

X	XI	XV	XVI	XX	XL	L	LII	XC
10	11	15	16	20	40	50	52	90

C	CI	CX	CL	D	cIↄ または M	ccIↄↄ
100	101	110	150	500	1000　1000	10000

↑時計の文字ばんに使われているローマ数字。

©PIXTA

9

大きな数字と小さな数字——中国の数の単位

大きな数字を表す単位をどこまで知っていますか。万、億、兆……この後も、ずっと先まであります。
小さい数字のほうはどうでしょうか。分、厘、毛……こちらもずっと先まで続きます。
大きな数字や小さな数字を表すこれらの漢字は、中国でつくられ、日本に伝わりました。

1より大きな数の単位

無量大数 10^{68}

不可思議 10^{64}

那由他 10^{60}

阿僧祇 10^{56}

恒河沙 10^{52}

極 10^{48}

$$1000000000000000000000000000000000$$

秭 10^{24}

穰 10^{28}

溝 10^{32}

澗 10^{36}

正 10^{40}

載 10^{44}

垓 10^{20}

京 10^{16}

兆 10^{12}

億 10^8

万 10^4

千 10^3

百 10^2

十 10^1

一 10^0

無量大数　那由他　恒河沙　極　載　正　澗　溝　穰　秭　垓　京　兆　億　万　千　百　十　一

1000000000000000000000000000000000000000000000000000000000000000000000

不可思議　阿僧祇

10^{68}は、10の68乗と読み、1の右に0が68続く数です。

大きな単位の意味

無量大数…中国の古い数学書から「数え切れないほどの大きな数」という意味を持つ。
不可思議…考えたり、議論したりすることが、意味のないほど大きな数という意味。

那由他…仏教用語から「きわめて大きな数量」という意味。
阿僧祇…仏教用語から「数えることができない」という意味。
恒河沙…仏教用語から「恒河（ガンジス川）にある無数の砂」、つまり無限の数。

10

小数点の記号

小数点の「．」は世界共通ではなく、ちがう記号を使う国もあります。

1.23
日本やアメリカ、アジアの多くの国では、「．」を使う。

1,23
フランスやドイツなどのヨーロッパや南アメリカの多くの国では、「，」を使う。

1・23
イギリスなど英国圏のいくつかの国では、中央に「・」を書くこともある。

1より小さな数の単位

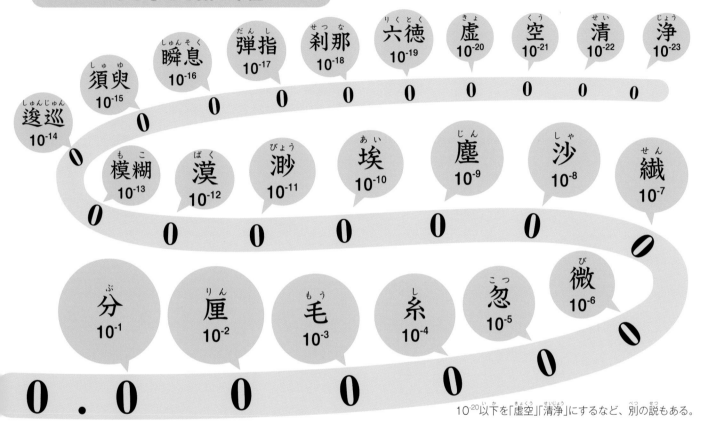

逡巡 10^{-14}
須臾 10^{-15}
瞬息 10^{-16}
弾指 10^{-17}
刹那 10^{-18}
六徳 10^{-19}
虚 10^{-20}
空 10^{-21}
清 10^{-22}
浄 10^{-23}

模糊 10^{-13}
漠 10^{-12}
渺 10^{-11}
埃 10^{-10}
塵 10^{-9}
沙 10^{-8}
繊 10^{-7}

分 10^{-1}
厘 10^{-2}
毛 10^{-3}
糸 10^{-4}
忽 10^{-5}
微 10^{-6}

0.0 0 0

10^{-20}以下を「虚空」「清浄」にするなど、別の説もある。

0.0 0 0 0 0 0 0 0 0 0 0 0 0 0 0 0 0 0 0 0 0 0 0

分ぶ 厘りん 毛もう 糸し 忽こつ 微び 繊せん 沙しゃ 塵じん 埃あい 渺びょう 漠ばく 模糊もこ 逡巡しゅんじゅん 須臾しゅゆ 瞬息しゅんそく 弾指だんし 刹那せつな 六徳りくとく 虚きょ 空くう 清せい 浄じょう

10^{-23}は、10のマイナス23乗と読み、小数点以下第23位まであるということです。

小さな単位の意味

沙…川などの水辺の砂のように小さいという意味。
模糊…「あいまい」「ぼんやり」という意味。

逡巡…ためらいが生まれて決断がつかないこと。
瞬息…一瞬の間にする息のように短いという意味。
刹那…仏教用語から、「あっという間の短い時間、瞬間」という意味。

算数や数学で使う記号

　算数や数学で、数値や式、図形などを表すとき、数字のほかにもいろいろな記号を使います。たとえば1+1＝2と書くときの「＋」や「＝」も記号です。これは、ことばで「1に1を加えたときの答えは2」のように書くより、ずっと簡単に、わかりやすく書き表せます。ことばが通じなくても、記号の意味がわかれば伝わります。

計算で使う記号

たす

プラスとも読む。ラテン語からできた記号といわれる。

ひく

マイナスとも読む。たるの水がここまで減ったという印からできたといわれる。

かける

聖アンドリューの十字（スコットランドの聖旗）からとられたといわれる。

わる

割り算を分数で表したときの形からできた記号といわれる。

等号(等しい)

等しいことを表すのに、2本の平行線を使ったのが始まりといわれる。

（等しくない）

（ほとんど等しい）

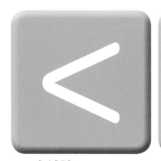

不等号(より小さい)　　　（より大きい）

左右の向きによって、開いているほうが大きいことを表す。

（より小さいか等しい）

（より大きいか等しい）

小かっこ

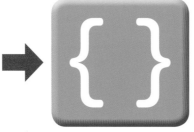

中かっこ

大かっこ

計算式にかっこが使われている場合、小かっこ、中かっこ、大かっこの順に計算をする。

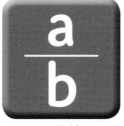
⤴分数

a:b
⤴aとbとの比

a∝b
⤴aはbに比例する

Σ
⤴総和
すべての数を合計する。

aⁿ
⤴aのn乗(aをn回かける)
(例) $7^2=7×7=49$

⤴aの平方根
同じ数をかけてaになる。

∞
⤴無限大
限りなく大きい。

π
⤴円周率
3.14159…

%
⤴パーセント(百分率)
100の中での比率。
$1\% = \dfrac{1}{100} = 0.01$

‰
⤴パーミル(千分率)
1000の中での比率。
$1‰ = \dfrac{1}{1000} = 0.001$

図形で使う記号

A———B
⤴線分AB(点Aと点Bを結ぶ直線)

⤴弧AB(点Aと点Bを結ぶ円弧)

∠AOB
⤴角AOB(線分AOと線分BOがつくる角度)

△ABC
⤴三角形ABC

□ABCD
⤴平行四辺形ABCD

⤴直角

⊥
AB⊥CD
⤴垂直

//
AB∥CD
⤴平行

△ABC≡△DEF
(辺の長さと角度が同じ。)
⤴合同

△ABC∽△DEF
(形が同じで大きさが異なる。)
⤴相似

13

メートル法の単位記号

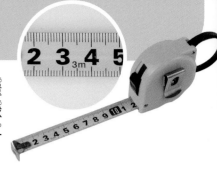

m（メートル）、kg（キログラム）を基本の単位として、十進法でものの数や量を表す方法を「メートル法」といい、18世紀末にフランスで定められました。地球の大きさをもとに、1mの長さを決め、地域によってばらばらだった単位を統一しました。現在、世界の多くの国で、メートル法が使われています。

長さの単位

m（メートル）を基準として、1000倍ごとに、k（キロ）、M（メガ）、G（ギガ）、T（テラ）がつきます。小さいほうは、1000分の1ごとに、m（ミリ）、μ（マイクロ）、n（ナノ）がつきます。cm（センチメートル）は、m（メートル）とmm（ミリメートル）との間の単位です。

Tm ⊕テラメートル　1Tm＝1000Gm＝1000000000000m（1兆メートル）

Gm ⊕ギガメートル　1Gm＝1000Mm＝1000000000m（10億メートル）

Mm ⊕メガメートル　1Mm＝1000km＝1000000m（100万メートル）

km ⊕キロメートル　1km＝1000m

m ⊕メートル　1m＝100cm＝1000mm＝0.001km

cm ⊕センチメートル　1cm＝0.01m＝10mm

mm ⊕ミリメートル　1mm＝0.001m＝0.1cm＝1000μm

μm ⊕マイクロメートル　1μm＝0.001mm＝1000nm

nm ⊕ナノメートル　1nm＝0.001μm

面積の単位

$1km^2$（平方キロメートル）は、$1m^2$（平方メートル）の100万倍で、差がありすぎるので、間の単位としてa（アール）とha（ヘクタール）を使います。

1cm
1cm
$1cm^2$

1m
-1m-
$1m^2$
$1m^2$
＝10000cm²

10m
-10m-
1a
1a＝100m²

100m
-100m-
1ha
1ha＝100a

1km
-1km-
$1km^2$
1km²＝100ha

cm² ⊕平方センチメートル

m² ⊕平方メートル

a ⊕アール

ha ⊕ヘクタール

km² ⊕平方キロメートル

体積の単位

10cm×10cm×10cmの立方体の体積が1L（リットル）。その1000分の1（1cm×1cm×1cmの立方体）の体積が、1mL（ミリリットル）です。

cm³

↑立方センチメートル

$1cm^3 = 1mL = 1cc$

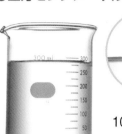

©PIXTA

300 ml

$1000cm^3 = 10dL = 1L$

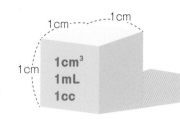

1cm × 1cm

1cm

1cm³
1mL
1cc

mL
↑ミリリットル

cc
↑シーシー

※料理などでは、cc を使うこともある。

10cm × 10cm

10cm

1000cm³
1L

dL
↑デシリットル

L
↑リットル

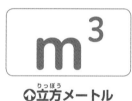

m³

↑立方メートル

$1m^3 = 1000000cm^3$
$= 1000000mL$
$= 10000dL$
$= 1000L$
$= 1kL$

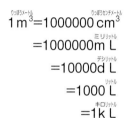

1m × 1m

1m

1m³
1kL

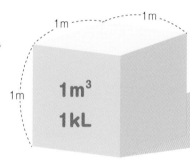

kL
↑キロリットル

重さの単位

もともとは、1Lの水の重さを1kg（キログラム）とし、金属でその重さの器具（キログラム原器）をつくって基準としました。

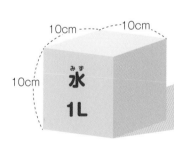

10cm × 10cm

10cm

水
1L

水の重さと体積
=1kg

©PIXTA

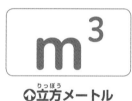

mg
↑ミリグラム
1mg
$=0.001g$
$=0.000001kg$

水　0.001mL

g
↑グラム
1g
$=1000mg$
$=0.001kg$

水　1mL

kg
↑キログラム
1kg
$=1000g$

水　1L

t
↑トン
1t
$=1000kg$

水　1kL

Mt
↑メガトン
1Mt
$=1000000t$
（1000×1000t）

水　1000000kL

15

世界で使われている共通の単位記号

メートル法で定められた単位のほかにも、世界で使われている共通の単位記号があります。日常生活ではあまり使わない単位もありますが、科学や工業などの世界では、基本となる重要な単位です。

国際単位系の基本単位

メートル法をもとにした国際的な単位として、7つの基本単位が決められています。これらを、国際単位系(SI)といいます。

長さ	質量(重さ)	時間	電流	温度	物質量*	光度
m	**kg**	**s**	**A**	**K**	**mol**	**cd**
⬆メートル	⬆キログラム	⬆秒	⬆アンペア	⬆ケルビン	⬆モル	⬆カンデラ

＊物質をつくっている粒子(つぶ)の数をもとにした量。

基本単位につく記号

基本単位の10倍、100倍、1000倍…を表すときは、da(デカ)、h(ヘクト)、k(キロ)…をつけます、また、10分の1、100分の1、1000分の1…を表すときは、d(デシ)、c(センチ)、m(ミリ)…をつけます。規則がはっきりしているので、わかりやすい方法です。

データの大きさを表す B(バイト)

コンピュータ上でのデータの大きさは、「B(バイト)」という単位で表します。1KB(キロバイト)＝1000B、1MB(メガバイト)＝1000KB、1GB(ギガバイト)＝1000MB、1TB(テラバイト)＝1000GBのように使います。

記号	読み	けた数	元の意味	
T	テラ	×1000000000000	怪物	ギリシャ語
G	ギガ	×1000000000	巨人	
M	メガ	×1000000	大きい	
k	キロ	×1000	1000	
h	ヘクト	×100	100	
da	デカ	×10	10	
d	デシ	×0.1	10	ラテン語
c	センチ	×0.01	100	
m	ミリ	×0.001	1000	
μ	マイクロ	×0.000001	小さい	
n	ナノ	×0.000000001	小人	
p	ピコ	×0.000000000001		

メートル法にはなくても、目にふれることが多い単位記号です。中には、理科の授業などで習うものもあります。私たちの身の回りには、ほかにもいろいろな単位記号があります。

W 仕事率、電力
⬆ワット
1秒間当たりにする仕事、また、電気が熱や光を出したり、ものを動かしたりする能力を表す。

V 電圧
⬆ボルト
電池などの電源が、電気回路に電流を流そうとするはたらきの大きさを表す。

Ω 電気抵抗
⬆オーム
導線などに電気を流すとき、電流の流れをさまたげる力の大きさを表す。

Hz 周波数
⬆ヘルツ
電波や光などが、1秒間に振動する回数を表す。

℃ 温度
⬆セルシウス度
水がこおる温度を0、ふっとうする温度を100としたことがもとになった温度の単位。

J エネルギー、熱量、電力量
⬆ジュール
エネルギーや熱量の単位。水1gの温度を1℃上げるのに必要な熱量は、約4.2J。

Cal 熱量
⬆カロリー
食品の熱量（体に入って出す熱の量）の単位。

Pa 圧力
⬆パスカル
気圧（大気の圧力）の単位として、hPa（ヘクトパスカル）が用いられる。1hPa=100Pa。

海里 長さ
⬆カイリ
船や飛行機でのきょりを表す特別な単位。1海里=1852m。

ノット 速さ
⬆ノット
船や飛行機、風などの速さに使う単位。

lx 照度
⬆ルクス
照明の明るさを表す単位。

Sv 線量当量
⬆シーベルト
放射線（ウランなどが出すアルファ線など)の強さを表す単位。

角度を表す単位

○ ⬅度
円周の $\frac{1}{360}$

′ ⬅分
$1' = \frac{1°}{60}$

″ ⬅秒
$1'' = \frac{1'}{60}$

時間を表す単位

s ⬅秒 $1s = \frac{1}{24 \times 60 \times 60} d$

min ⬅分 $1min = 60s$

h ⬅時 $1h = 60min = 3600s$

d ⬅日 $1d = 24h = 86400s$

期間を表す単位

週(w、wk) 1週(=7日)の単位。

月(mon) 1か月の単位。

年(y、yr) 1年の単位。

世紀 西暦1〜100年、2001〜2100年などの100年間。

千年紀（ミレニアム） 西暦1001年〜2000年、2001年〜3000年などの1000年間。

速度を表す単位

「m」はメートル、「/」の右の「s」はsecond（秒）、「m」はminute（分）、「h」はhour（時)を表します。それぞれ、1秒間、1分間、1時間に進むきょりの単位です。

m/s 例…250m/s
⬆秒速
読み…メートル毎秒

m/m 例…300m/m
⬆分速
読み…メートル毎分

m/h 例…750m/h
⬆時速
読み…メートル毎時

世界各地で使われる単位

　古い時代には、世界各地で別べつの単位を使っていました。日本では、尺や貫などの単位が使われていました。その中には、現在でも残っているものがあります。アメリカやイギリスでは、メートル法とはちがう長さや重さの単位を使うのが一般的です。

日本の単位（尺貫法）

長さの単位

里
⤴り
1里＝36町＝約4km

町
⤴ちょう
1町＝60間＝約109m

丈
⤴じょう
1丈＝10尺＝約3m

間
⤴けん
1間＝6尺＝約1.8m

尺
⤴しゃく
1尺＝10寸＝約30.3cm

寸
⤴すん
1寸＝10分＝約3.03cm

分
⤴ぶ
1分＝約3.03mm

文
⤴もん
1文＝10分＝約2.4cm（たびの単位）

鯨尺
⤴くじらじゃく
1（鯨）尺＝1.25尺＝37.88cm（布の単位

体積の単位

勺
⤴しゃく
1勺＝約18mL

合
⤴ごう
1合＝10勺

升
⤴しょう
1升＝10合＝約1.8L

斗
⤴と
1斗＝10升

石
⤴こく
1石＝10斗

面積の単位

歩
⤴ぶ

坪
⤴つぼ
1坪＝1歩
＝36平方尺（6尺×6尺）
＝約3.3㎡

畝
⤴せ
1畝＝30歩（坪）＝約1a

反
⤴たん
1反＝10畝＝約300歩（坪）

町
⤴ちょう
1町＝10反

重さの単位

厘
⤴りん
1厘＝0.0375g

分
⤴ぶ
1分＝10厘

匁
⤴もんめ
1匁＝10分＝3.75g

斤
⤴きん
1斤＝160匁＝600g

貫
⤴かん
1貫＝1000匁＝3.75kg

たたみの面積のちがい

　たたみ1枚分を単位として、部屋の広さを、8畳、12畳のように表すことがあります。しかし、たたみの大きさは地方によってちがい、1畳の面積も異なります。京間は西日本、中京間は中京地方（愛知・岐阜・三重県など）、江戸間は東日本でふきゅうしています。

京間
1910mm
955mm

中京間
1820mm
910mm

江戸間
1760mm
880mm

外国の単位（ヤード・ポンド法）

アメリカやイギリスではヤード・ポンド法という独自のルールに基づいた単位も使われています。

mi, mile
⬆マイル
1mi=1760yd=1609.344m

長さの単位

fur
⬆ファーロング
1fur=220yd

chain
⬆チェーン
1chain=22yd

yd
⬆ヤード
1yd=3ft［フィート］

in
⬆インチ
1in=25.4mm

ft
⬆フート／フィート
1ft=12in=30.48cm
フィートは複数形

体積の単位

gal
⬆ガロン
主に石油やガソリンをはかる単位。国や用途によって定義が異なる。

アメリカ
1ガロン（1米ガロン）
=約3.79L

イギリス
1ガロン（1英ガロン）
=約4.55L

pk
⬆ペック

bu
⬆ブッシェル

こく物などの計量に使う。
1pk=2gal　　1bu=4pk=8gal

バレル
1米バレル
=42米ガロン（石油の場合）
=約159L

面積の単位

ac
⬆エーカー
1平方yd=約0.8 m²
1平方mi=約2590000 m²
1ac=4840平方yd=約4046.9 m²

重さの単位

car, ct
⬆カラット
1ct=0.2g

oz
⬆オンス
1oz=約28.35g

lb
⬆ポンド
1lb=16oz=約453.6g

そのほかの古い外国の単位

古い時代の単位は、国によってまったくちがっていました。
いろいろなものをもとにして決めていたことがわかります。

スタディオン
［古代ギリシャの旅行用の単位］
1スタディオン=約185m
スタジアムの語源になった。

キュービット
［エジプトの長さの単位］
1キュービット=約51.5cm
ひじから中指の先までの長さをもとにした。

ドラム
［ひと口の意味］
1ドラム=1.77g

デナリウス
［古代ローマの重さの単位］
1デナリウス=約4.55g

クア
［シュメール人の体積単位］
1クア=約400mL

ペス
［古代ローマの長さの単位］
1ペス=29.57cm

シケル
［メソポタミアの重さの単位］
1シケル=約8.3g

ベカ
［古代エジプトの重さの単位］
1ベカ=13.7g

長さを比べよう

1インチと1寸、1フートと1尺で、単位あたりの長さを比べてみましょう。

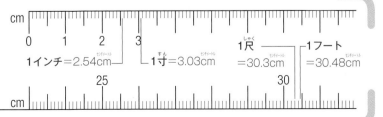

1インチ=2.54cm　　1寸=3.03cm　　1尺=30.3cm　　1フート=30.48cm

理科のマークや記号

理科（科学）では、生物の特徴や物質の性質、天体の動きなど、自然の真実の姿を明らかにするための研究をしています。理科（科学）の各分野でも、さまざまなマークや記号を使い、自然の姿や物質の変化のようすなどを、簡潔にわかりやすく表しています。

元素記号

元素を原子番号順に並べた元素周期表。物質が元素記号で表されている。

isak55/Shutterstock.com

星の記号

星の明るさや見える位置を記号を使い表す星図。

藤井旭

回路図

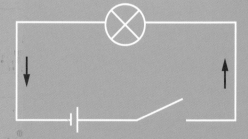

電池とスイッチ、電球などのつなぎ方を記号で表す。

久保政喜

理科（生物）で使う記号

生物の記号の中には、おすやめすを表す記号のように、広く知られているものがあります。また、花のつくりを表すためのおもしろい図もあります。

おす・めすを表す記号

人間をはじめ、ほとんどの生物はおすとめすに分かれ、それぞれ役割を持っています。生き物の中には、おすとめすがいっしょになった個体があり、そのような個体を表す記号もあります。

おすとめすを表す「♀」「♂」の記号は、占星術（星うらない）で使われていた惑星などを表す記号（→24ページ）と同じです。「♀」は、美の女神アフロディーテ（金星）を意味し、手に持っている鏡が記号のもとになっています。「♂」は、戦いの神マルス（火星）が持つ、たてとやりが記号のもとになっています。

これらの記号は、18世紀に、スウェーデンの植物学者、リンネが使ったのが始まりといわれています。

♂ おす
精子を持つ。

♀ めす
子どもや卵を産む。

⚥ 雌雄同体
おすとめすの両方の性質を持つ。

花のつくりを表す図

植物の花は、花びら（花弁）、がく、おしべ、めしべなどでできています。その数や位置などを表した図を、花式図といいます。花式図には、いろいろなかき方がありますが、下の図は、その例です。

花弁
おしべ
めしべ
がく
花軸

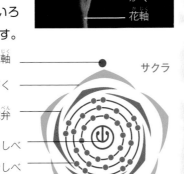

花軸
がく
花弁
めしべ
おしべ

サクラ

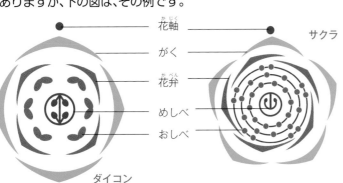

ダイコン

©PIXTA

花軸
がく
花弁
めしべ
おしべ

ツツジ

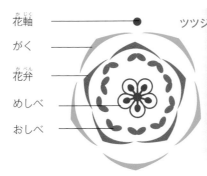

理科（化学）で使う記号

理科の研究分野のうち、物質のでき方や、物質と物質の反応などを調べる分野を、化学といいます。化学では、物質の種類を、記号を使って表します。また、何種類かの物質が反応して別の物質になることを表す化学反応式も、算数の計算式のように、記号を使って、簡単に表すことができます。

元素記号と元素周期表

さまざまな物質の基本になるつぶを原子といいます。元素は、同じ性質を持つ原子のまとまりです。酸素＝O、炭素＝Cのように、元素記号で表すことができます。元素には、それぞれ原子番号があり、原子番号の順に並べた表が元素周期表です。

アルミニウム。軽くて丈夫な金属。

炭素。ダイヤモンドは、炭素でできている。

金。金貨や装飾品に利用される。

ケイ素。ガラスの材料のひとつ。

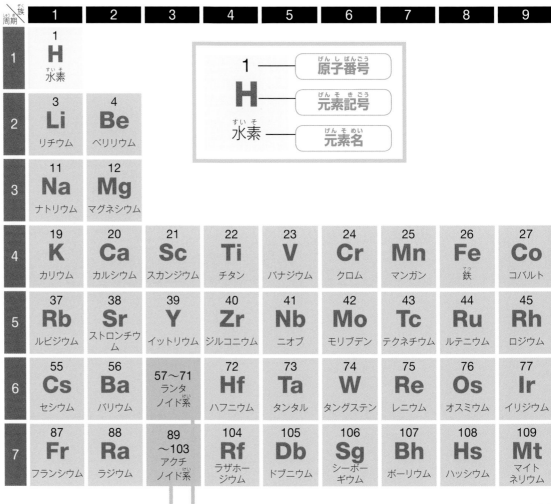

族 / 周期	1	2	3	4	5	6	7	8	9
1	1 **H** 水素								
2	3 **Li** リチウム	4 **Be** ベリリウム							
3	11 **Na** ナトリウム	12 **Mg** マグネシウム							
4	19 **K** カリウム	20 **Ca** カルシウム	21 **Sc** スカンジウム	22 **Ti** チタン	23 **V** バナジウム	24 **Cr** クロム	25 **Mn** マンガン	26 **Fe** 鉄	27 **Co** コバルト
5	37 **Rb** ルビジウム	38 **Sr** ストロンチウム	39 **Y** イットリウム	40 **Zr** ジルコニウム	41 **Nb** ニオブ	42 **Mo** モリブデン	43 **Tc** テクネチウム	44 **Ru** ルテニウム	45 **Rh** ロジウム
6	55 **Cs** セシウム	56 **Ba** バリウム	57〜71 ランタノイド系	72 **Hf** ハフニウム	73 **Ta** タンタル	74 **W** タングステン	75 **Re** レニウム	76 **Os** オスミウム	77 **Ir** イリジウム
7	87 **Fr** フランシウム	88 **Ra** ラジウム	89〜103 アクチノイド系	104 **Rf** ラザホージウム	105 **Db** ドブニウム	106 **Sg** シーボーギウム	107 **Bh** ボーリウム	108 **Hs** ハッシウム	109 **Mt** マイトネリウム

凡例：
1 ─ 原子番号
H ─ 元素記号
水素 ─ 元素名

57 **La** ランタン	58 **Ce** セリウム	59 **Pr** プラセオジム	60 **Nd** ネオジム	61 **Pm** プロメチウム	62 **Sm** サマリウム
89 **Ac** アクチニウム	90 **Th** トリウム	91 **Pa** プロトアクチニウム	92 **U** ウラン	93 **Np** ネプツニウム	94 **Pu** プルトニウム

□ 単体が非金属
■ 単体が金属

分子や化学反応の記号

ものの性質を示す、最も小さなつぶを分子といいます。分子は原子が集まってできていて、記号で表すことができます。また、化学反応は記号を使った式で表します。

分子

O₂

酸素原子が2個結びついた酸素の分子。

H₂O

水素原子が2個と、酸素原子が1個結びついた水の分子。

化学反応式

$$2H_2 + O_2 \rightarrow 2H_2O$$

2個の水素分子と1個の酸素分子が反応すると、2個の水の分子ができる。

10	11	12	13	14	15	16	17	18
								2 **He** ヘリウム
			5 **B** ホウ素	6 **C** 炭素	7 **N** 窒素	8 **O** 酸素	9 **F** フッ素	10 **Ne** ネオン
			13 **Al** アルミニウム	14 **Si** ケイ素	15 **P** リン	16 **S** 硫黄	17 **Cl** 塩素	18 **Ar** アルゴン
28 **Ni** ニッケル	29 **Cu** 銅	30 **Zn** 亜鉛	31 **Ga** ガリウム	32 **Ge** ゲルマニウム	33 **As** ヒ素	34 **Se** セレン	35 **Br** 臭素	36 **Kr** クリプトン
46 **Pd** パラジウム	47 **Ag** 銀	48 **Cd** カドミウム	49 **In** インジウム	50 **Sn** スズ	51 **Sb** アンチモン	52 **Te** テルル	53 **I** ヨウ素	54 **Xe** キセノン
78 **Pt** 白金	79 **Au** 金	80 **Hg** 水銀	81 **Tl** タリウム	82 **Pb** 鉛	83 **Bi** ビスマス	84 **Po** ポロニウム	85 **At** アスタチン	86 **Rn** ラドン
110 **Ds** ダームスタチウム	111 **Rg** レントゲニウム	112 **Cn** コペルニシウム	113 **Nh** ニホニウム	114 **Fl** フレロビウム	115 **Mc** モスコビウム	116 **Lv** リバモリウム	117 **Ts** テネシン	118 **Og** オガネソン
63 **Eu** ユウロビウム	64 **Gd** ガドリニウム	65 **Tb** テルビウム	66 **Dy** ジスプロシウム	67 **Ho** ホルミウム	68 **Er** エルビウム	69 **Tm** ツリウム	70 **Yb** イッテルビウム	71 **Lu** ルテチウム
95 **Am** アメリシウム	96 **Cm** キュリウム	97 **Bk** バークリウム	98 **Cf** カリホルニウム	99 **Es** アインスタイニウム	100 **Fm** フェルミウム	101 **Md** メンデレビウム	102 **No** ノーベリウム	103 **Lr** ローレンシウム

Lonely Walker/Shutterstock.com

銅。なべなどに使われる。

銀。食器などに使われる。

鉄。原料が豊富で丈夫なため、建築材をはじめ、はば広い分野で使われる。

©PIXTA

惑星などを表す記号

星の動きなどを研究する天文学は、暦をつくるために大昔から発達しました。また、星の動きが地上のできごとにえいきょうをあたえると考えられ、占星術（星うらない）も、発達しました。特に重要な天体である太陽や月、惑星などは、古くから記号が定められ、今でも使われています。

彗星

衛星

木星
大神ゼウスのかみなり。

水星
つばさのあるヘルメースのかぶと。

金星
女神アフロディーテの手鏡。

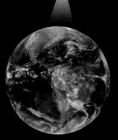

地球
大地を表す。または、赤道と子午線。

火星
戦いの神のマルスのたてとやり。

太陽
古代エジプトの神のシンボル。

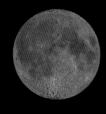

月
三日月。

NASA/Johns Hopkins University Applied Physics Laboratory/Carnegie Institution of Washington、NASA/JPL、NASA、NASA/GSFC/Arizona State University

太陽系の天体を表す記号

　私たちの地球のある太陽系は、太陽を中心として、そのまわりを8個の惑星が回っています。さらに惑星のまわりを回る衛星や、惑星より小さい準惑星、細長い軌道で太陽を回る彗星などがあります。太陽系の天体は、神話の神などと結びつけられ、それにちなんだ記号で表されます。

冥王星

エッジワース・カイパーベルト天体

↑土星
大地と農耕の神クロノスが持つ大がまを表す。

↑天王星
金属の白金の記号から。

↑海王星
海の神ネプチューンがもつ三つまたのほこ。

惑星でなくなった冥王星

　冥王星は、1930年に発見され、地球や火星などと同じく惑星だとされていました。しかし、冥王星と同じような大きさの天体がいくつも発見されたことから、2006年に、惑星ではなく準惑星のグループに分類されることになりました。

↑冥王星
冥土の神プルートの最初の2文字から。

↑冥王星。月よりも小さく、直径約2390km。

NASA/JHUAPL/SwRI

※記号のもとになったものには、別の説もあります。

星と星座を表す記号

夜空の星は、時間がたつと見える位置が変わります。また、季節によっても、見える星が変わります。夜空の星の位置を示す星図には、星の明るさや天体の特徴を表す記号が使われています。

天体の記号

星図では、ふつう、明るい星を大きくえがきます。星は明るさによって等級がつけられています。肉眼で見えるのは6等星までなので、肉眼星図には、6等星までえがかれます。星雲や星団などの天体を表す記号も使われます。

↑1～6等星 **↑変光星** **↑二重星**

↑銀河 **↑散開星団** **↑球状星団**

↑惑星状星雲 **↑散光星雲**

➡肉眼星図の例。どこに、どのような星や天体が見えるかがわかる。

藤井旭

  星の呼び方

星座の星は、星座ごとにふつう最も明るい星から順番に、ギリシャ文字のアルファベットの α 、β、γ…の記号をつけます。おおいぬ座で最も明るいシリウスは、おおいぬ座 α といいます。ただし、例外もあります。オリオン座には2個の一等星がありますが、最も明るいリゲルがオリオン座β、次に明るいベテルギウスがオリオン座 α と、逆の関係になっています。

α	アルファ	ν	ニュー
β	ベータ	ξ	クシー（グザイ）
γ	ガンマ	ο	オミクロン（オマイクロン）
δ	デルタ	π	パイ（ピー）
ε	イプシロン（エプシロン）	ρ	ロー
ζ	ゼータ（ジータ）	σ	シグマ
η	エータ（イータ）	τ	タウ（トー）
θ	シータ（セータ）	υ	ユブシロン（ユーブシロン）
ι	イオタ（アイオタ）	φ	ファイ（フィー）
κ	カッパ	χ	カイ（キー）
λ	ラムダ	ψ	プシー（プサイ）
μ	ミュー	ω	オメガ（オーメガ）

↑ギリシャ文字の読み方。かっこ内は英語読み。

星座の略号など

星と星をつなぎ、人物やものの形に見立てた
ものを星座といいます。星座は全天に88あり、
アルファベット3文字の略号で示されます。

※かざりつきの星は一等星。色つきの星は、
その星のだいたいの色を表す。

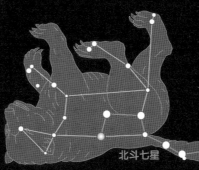

北極星

UMi
➡こぐま

北斗七星

UMa
⬆おおぐま

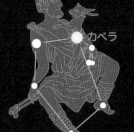

カペラ

Aur
➡ぎょしゃ

デネブ

Cyg
⬅はくちょう

アルタイル

Sco
➡さそり

アンタレス

（織女星）
ベガ

Lyr
➡こと

Aql
⬆わし

藤井旭

And	アンドロメダ	**CMa**	おおいぬ	**Gem**	ふたご	**Mus**	はえ	**Ser**	へび
Ant	ポンプ	**CMi**	こいぬ	**Gru**	つる	**Nor**	じょうぎ	**Sex**	ろくぶんぎ
Aps	ふうちょう	**Cnc**	かに	**Her**	ヘルクレス	**Oct**	はちぶんぎ	**Sge**	や
Aqr	みずがめ	**Col**	はと	**Hor**	とけい	**Oph**	へびつかい	**Sgr**	いて
Ara	さいだん	**Com**	かみのけ	**Hya**	うみへび	**Ori**	オリオン	**Tau**	おうし
Ari	おひつじ	**CrA**	みなみのかんむり	**Hyi**	みずへび	**Pav**	くじゃく	**Tel**	ぼうえんきょう
Boo	うしかい	**CrB**	かんむり	**Ind**	インディアン	**Peg**	ペガスス	**TrA**	みなみのさんかく
Cae	ちょうこくぐ	**Crt**	コップ	**Lac**	とかげ	**Per**	ペルセウス	**Tri**	さんかく
Cam	きりん	**Cru**	みなみじゅうじ	**Leo**	しし	**Phe**	ほうおう	**Tuc**	きょしちょう
Cap	やぎ	**Crv**	からす	**Lep**	うさぎ	**Pic**	がか	**Vel**	ほ
Car	りゅうこつ	**CVn**	りょうけん	**Lib**	てんびん	**PsA**	みなみのうお	**Vir**	おとめ
Cas	カシオペヤ	**Del**	いるか	**LMi**	こじし	**Psc**	うお	**Vol**	とびうお
Cen	ケンタウルス	**Dor**	かじき	**Lup**	おおかみ	**Pup**	とも	**Vul**	こぎつね
Cep	ケフェウス	**Dra**	りゅう	**Lyn**	やまねこ	**Pyx**	らしんばん		
Cet	くじら	**Eri**	エリダヌス	**Men**	テーブルさん	**Ret**	レチクル		
Cha	カメレオン	**Equ**	こうま	**Mic**	けんびきょう	**Scl**	ちょうこくしつ		
Cir	コンパス	**For**	ろ	**Mon**	いっかくじゅう	**Sct**	たて		

電気回路図で使われる記号

テレビや照明、冷蔵庫など家の中にある電気製品や、電車、信号などはすべて電気で動いています。電気が流れる道筋を回路といいます。複雑な回路も、記号を使うことによって、簡潔にわかりやすい図で表すことができます。この記号は電気用図記号といい、国際的な基準をもとにJIS（日本産業規格）で定められた規格です。

回路図の主な記号

回路図に使う記号は電気用図記号といいます。回路の開閉や電流の流れる向き、スイッチや電球の位置などを、電気用図記号を用いてわかりやすく表します。

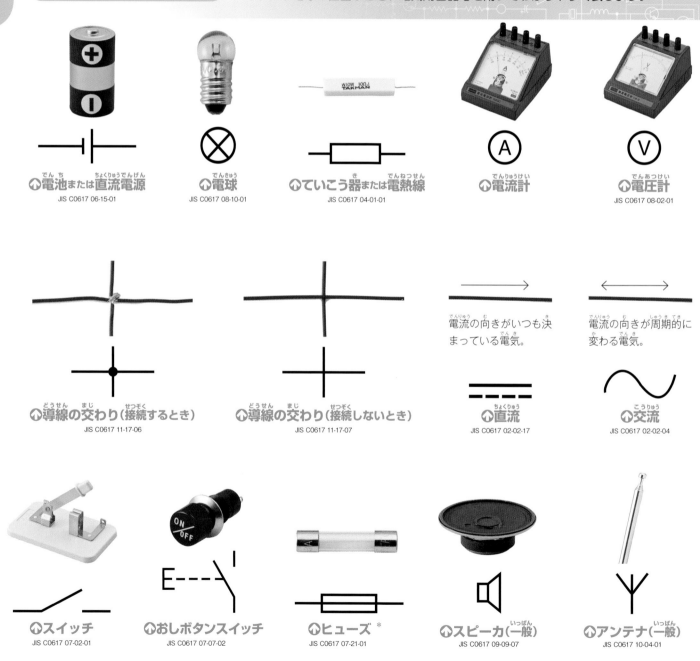

⚡電池または直流電源
JIS C0617 06-15-01

⚡電球
JIS C0617 08-10-01

⚡ていこう器または電熱線
JIS C0617 04-01-01

⚡電流計
JIS C0617 08-02-01

⚡電圧計
JIS C0617 08-02-01

⚡導線の交わり（接続するとき）
JIS C0617 11-17-06

⚡導線の交わり（接続しないとき）
JIS C0617 11-17-07

電流の向きがいつも決まっている電気。

電流の向きが周期的に変わる電気。

⚡直流
JIS C0617 02-02-17

⚡交流
JIS C0617 02-02-04

⚡スイッチ
JIS C0617 07-02-01

⚡おしボタンスイッチ
JIS C0617 07-07-02

⚡ヒューズ ＊
JIS C0617 07-21-01

⚡スピーカ（一般）
JIS C0617 09-09-07

⚡アンテナ（一般）
JIS C0617 10-04-01

28

＊決まった以上の電流が流れると熱でとけて切れ、危険を防ぐ器具。

回路の表し方

回路が閉じているときに、電流が流れます。開閉はスイッチなどを使って行います。
電流は乾電池のプラス極を出て電球を通り、マイナス極にもどります。

回路

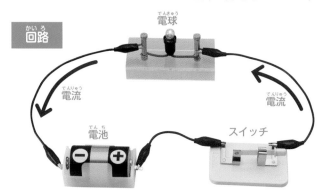

電球
電流
電流
電池
スイッチ

回路図

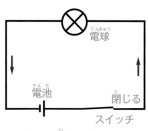

電球
電池　開く
スイッチ
スイッチを切ったとき。

電球
電池　閉じる
スイッチ
スイッチを入れたとき。

電流を測る

Aで示されているのが電流計です。直流用と交流用があり、乾電池から得られる電流は、直流計ではかります。回路中に直列で接続します。

回路図

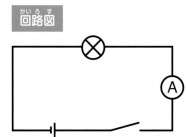

回路

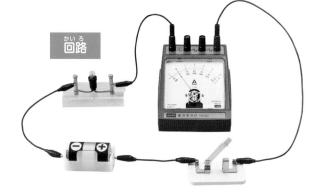

電圧を測る

Vと示されているのが電圧計です。回路に並列につないで測定します。

回路図

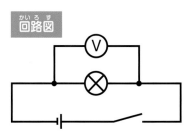

回路

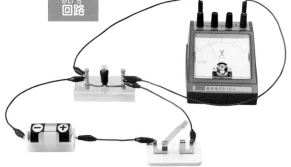

写真:久保政喜

電気回路図の記号の変化

2001年にいくつかの電気用図記号が変わりました。国際規格に合わせ、旧JIS記号から新JIS記号になり、スイッチやていこう器などが新しい記号になりました。古い回路図では、以前の記号が使われていることもあります。

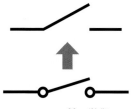

↑スイッチ。上が現在のもの、下が以前のもの。

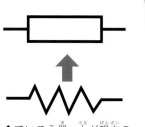

↑ていこう器。上が現在のもの、下が以前のもの。

建築製図で使われる記号

家などを建てるときは、設計図をもとに作業をします。設計図は細かいところまで書く必要があり、JIS（日本産業規格）で建築製図の書き方が決められています。

平面表示記号は、とびらや窓などの形式を示すものです。このほかに、材料や構造を示す材料構造表示記号があります。

↓部屋の広さ、配置など、家の中を真上から見た間取り図。窓や出入り口、部屋の構造などが記号で表されている。

※モノクロでえがかれることが多いが、わかりやすくするため色をつけてある。

平面表示記号

家の戸、窓、床などを表す記号です。この記号を読み取ることで、家がどのようなつくりになっているかがわかります。

↑出入り口一般
ワークセブン

↑両開きとびら
JIS A0150

↑片開き戸

↑出入り口一般
JIS A0150

↑両引き戸

↑自由戸

↑回転戸

↑折りたたみ戸

↑シャッターつき窓

↑引きちがい戸
ワークセブン

↑雨戸

↑カーテンつき窓

↑郵便受け

↑洗面器・手洗器

↑引きちがい戸
JIS A0150

↓窓一般

↑両開き窓

↑回転窓

↑洋式便器

⬆ふきぬけ

⬆屋内消火せん

⬆縁石

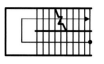

⬆階段(一般階)

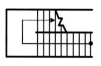

⬆階段(最下階)

⬆エレベーター

⬆芝張

⬆側溝

⬆リフト

⬆ガスメータ

⬆敷地境界

材料構造表示記号

建物の材料や構造を示すのが、材料構造表示記号です。設計図の中にこの記号が使ってあれば、どの部分にどんな材料を使うかが、ひと目でわかります。

⬆コンクリートおよび鉄筋コンクリート　JIS A0150

⬆合板　JIS A0150

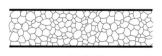

⬆砂利砂　JIS A0150

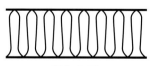

⬆たたみ　JIS A0150

⬆化粧材　JIS A0150

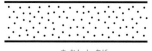

⬆割栗　JIS A0150

⬆左官仕上　JIS A0150

⬆板ガラス　JIS A0150

自然に親しむ場所のマーク

国立公園は、日本を代表するすばらしい自然の風景が見られる場所です。また、科学的に価値のある地形のある場所は、ジオパークに認定されています。これらの場所の中には、人びとに親しんでもらえるように、シンボルマークをつくっているところがあります。

↑タンチョウ
©PIXTA
釧路湿原国立公園連絡協議会

国立公園のマーク

日本には、34か所の国立公園があります。国立公園のマークは、それぞれの特色ある自然のようすをもとにしています。(2019年11月現在)

National Parks of Japan

←国立公園
統一マーク
国立公園の普及などに関する活動や整備に使うマーク。太陽が地平線からのぼる様子を表し、日本らしいかすみがかった風景を表現している。

❶ 釧路湿原国立公園(北海道)
日本最大の湿原で、タンチョウをはじめとする野生生物の貴重な生息地。マークは、タンチョウをデザインしたもの。

公益財団法人 尾瀬保護財団
↑尾瀬のミズバショウ
©PIXTA

❷ 尾瀬国立公園(群馬・福島・新潟・栃木県)
本州最大の高層湿原、尾瀬ケ原を中心に、山やぬまがつくる景観が見られる。マークは、尾瀬を代表するミズバショウをデザイン化したもの。

↓南アルプスの山やま ©PIXTA

南アルプス国立公園指定50周年記念事業実行委員会

秩父多摩甲斐国立公園
Chichibu-Tama-Kai National Park
環境省奥多摩自然保護官事務所
→奥秩父の紅葉
©PIXTA

❺ 南アルプス国立公園(山梨・長野・静岡県)
3000m級の高山が連なる日本有数の山岳公園。マークは、山やまと清流、南(Minami)のM、アルプス(Alps)のAを組み合わせたもの。

❸ 秩父多摩甲斐国立公園(埼玉・長野・山梨県、東京都)
埼玉や東京を流れる荒川などの源流である奥秩父の山やまを中心とした複雑な地形が特徴。マークは、秩父の「チ」をもとに、美しい風景をデザインした。

↓瀬戸内海 ©PIXTA

瀬戸内海国立公園
SINCE 1934
環境省中国四国地方環境事務所

妙高戸隠連山国立公園
Myoko-Togakushi renzan National Park
環境省長野自然環境事務所

↑妙高山

❻ 瀬戸内海国立公園
1000あまりの島じまをふくむ、日本最大の国立公園。マークは、多くの島じまがある風景をデザインしたもの。

❹ 妙高戸隠連山国立公園(新潟・長野県)
妙高山、飯縄山などの火山と、戸隠山、雨飾山などの山やまが連なる。マークは、山やまが連なるようすに、妙高(Myoko)のM、戸隠(Togakushi)のTを組みこんだもの。

ジオパークのマーク

日本には、44か所のジオパークがあります。そのうち9か所が、ユネスコ世界ジオパークに認定されています。マークの多くは、自然の姿をデザイン化しています。（2019年11月現在）

三笠ジオパーク
MIKASA GE◆PARK
三笠ジオパーク推進協議会

➡炭鉱あと

❶ 三笠ジオパーク（北海道）

アンモナイトがいた1億年前から、炭鉱の町として栄えた現在までの移り変わりが感じられる。マークは、地層の重なりと、石炭のもとになったメタセコイアをえがく。

↓手取峡谷 ©PIXTA

白山手取川ジオパーク
Hakusan Tedorigawa Geopark
白山手取川ジオパーク推進協議会

❺ 白山手取川ジオパーク（石川県）

白山から日本海まで、手取川流域で「水の旅」「石の旅」が学べる。マークは「手」の文字をモチーフに、白山と豊かな緑の大地の風景をイメージしている。

男鹿半島・大潟ジオパーク
男鹿市教育委員会

↓ゴジラ岩 ©PIXTA

❷ 男鹿半島・大潟ジオパーク（秋田県）

男鹿（Oga）半島や大潟（Ogata）の「O」をモチーフに、男鹿半島と大潟村を表す。

↓山陰海岸 ©PIXTA

Sanin kaigan Geopark
山陰海岸ジオパーク
山陰海岸ジオパーク推進協議会事務局

❻ 山陰海岸ユネスコ世界ジオパーク（京都府、兵庫、鳥取県）

リアス海岸や砂丘をはじめとするさまざまな海岸地形など、貴重な地形が観察できる。

下仁田ジオパーク
下仁田町

➡妙義山 ©PIXTA

❸ 下仁田ジオパーク（群馬県）

妙義山や関東山地など山やまに囲まれた場所。さまざまな地殻変動のようすが見られる。

↓雲仙の温泉 ©PIXTA

島原半島ジオパーク
島原半島ジオパーク協議会

❼ 島原半島ユネスコ世界ジオパーク（長崎県）

島原半島の象徴である雲仙火山を中央にデザイン化、3本のラインは火山のすそ野に広がる扇状地を表している。

Muroto Geopark
室戸ジオパーク推進協議会

←室戸岬の海岸 ©PIXTA

❹ 室戸ユネスコ世界ジオパーク（高知県）

プレート運動によってくり返し起こった大地震のえいきょうで、大地が盛り上がっている。独特の地形の場所で、地質・地形、文化、動植物にふれられる。

GEOPARKS JAPAN
日本ジオパーク

ジオパークに関する情報の発信などを行う、日本ジオパークネットワークのマーク。
写真提供:日本ジオパークネットワーク

気象のマークや記号

　晴れ、くもり、雨などの天気のようすや、気温、気圧、風の強さなどの状態を、気象といいます。気象を調べることによって、天気がどう変化するかある程度予測できます。気象についてのさまざまな現象は、マークや記号を使ってわかりやすく表されます。

あす

小笠原

天気予報の記号

　テレビの天気予報で使われている図。各地の天気がどうなるかを、晴れ、くもり、雨などのマークで表している。

写真提供　NHK

天気図の記号

気圧や前線を表す天気図。高気圧はH、低気圧はLの記号で示す。また、同じ気圧の場所を等圧線で結んでいる。

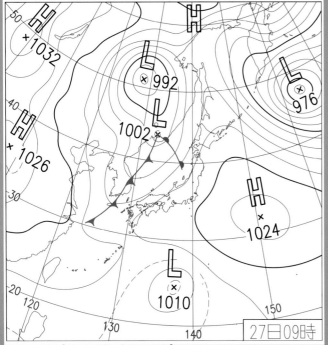

27日09時

気象庁ホームページ

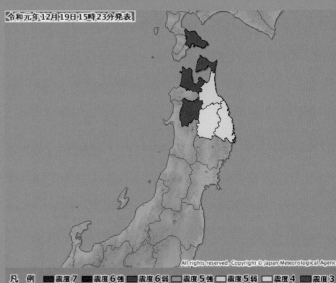

令和元年 12月19日15時23分発表

凡　例　■震度7　■震度6強　■震度6弱　■震度5強　□震度5弱　□震度4　■震度3

気象庁ホームページ

地震のゆれを表す図

　震度を数字で示し、各地のゆれを表した地図。

天気予報のマーク

新聞の天気欄では、天気の予測をマークで表しています。また、テレビの天気予報では、各地の天気がどうなるかをマークで示します。これらのマークは、晴れ、くもり、雨などの天気をイメージする絵をもとにしたもので、新聞社やテレビ局の各社がそれぞれマークをつくって、天気予報で使っています。

新聞の天気欄のマーク

天気の予測のほか、降水確率、最高気温と最低気温が示されています。天気の予測がひと目でわかります。

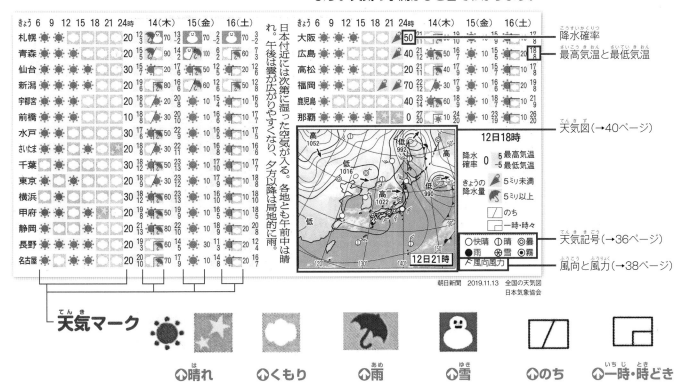

朝日新聞 2019.11.13 全国の天気図
日本気象協会

天気マーク

 晴れ　くもり　雨　雪　のち　一時・時どき

インターネットの天気予報のマーク

晴れは太陽、くもりは雲、雨はかさ、雪は雪だるまの絵をもとにしています。晴れのちくもりのような天気の変化は、矢印を使って表しています。

晴れ　くもり　雨　雪

晴れ時どきくもり　くもり時どき晴れ　晴れのちくもり　くもりのち晴れ

「Yahoo!天気・災害」

天気を表す記号

記号を使って天気を表した図を天気図（→40ページ）といい、天気図で使われる記号を「天気図記号」といいます。天気図記号のひとつとして、天気を表す天気記号があります。

日本式の天気記号

天気図記号には、世界共通の国際式（→39ページ）と、日本で使われる日本式があります。日本式の天気記号は、21種類あり、円のぬり方や線の引き方などで、天気を表します。

快晴

晴れ

くもり

雨

ツ

雨強し

ニ

にわか雨

キ

霧雨

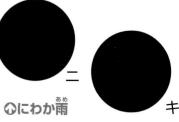

↓快晴

↓くもり

©PIXTA

旗で天気を伝える

ラジオやテレビがないころに、旗で天気や風向を表示する仕組みがつくられました。昔は、地域の高い場所に旗をかかげて天気予報を知らせることがありました。現在使われることはほとんどありませんが、法律上は使うことができます。

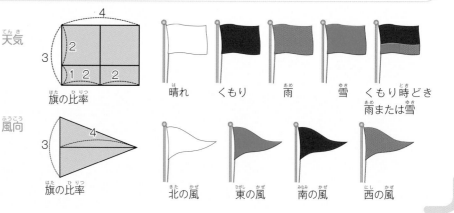

天気

旗の比率

晴れ　くもり　雨　雪　くもり時どき雨または雪

風向

旗の比率

北の風　東の風　南の風　西の風

↑雪　　　　↑あられ　　　　↑ひょう

⚐雪　　⚐雪強し　　⚐にわか雪　　⚐みぞれ　　⚐あられ　　⚐ひょう　　⚐かみなり

⚐かみなり強し　　⚐きり　　⚐煙霧　　⚐ちり煙霧　　⚐砂じんあらし　　⚐地ふぶき　　⚐天気不明

↑かみなり　　　　↑きり　　　　↑地ふぶき　　　©PIXTA

天気記号の移り変わり

日本の天気記号は、明治時代に使われるようになり、少しずつ変わってきました。

	快晴	うすぐもり	高ぐもり	くもり	雪	あられ	煙霧	風じん
1883〜1892年	○			○	◫		◎	
1923年	○			○	✳			
1932年	○	◫		⦀	✳		∞	⊖
1944年	○	⊖	⊗	◎	✳	▽	∞	◴
1969年	○			◎	✳	△	∞	

「天気図記号の変遷」(中嶋隆)(東管技術ニュース92ほか

風の記号

　ある地域の天候のようすを知るための天気図では、天気のようすと風のようすが重要です。日本式の天気図では、晴れ、くもり、雨などの天気を表す天気記号と風向と風力を表す矢の記号を組み合わせて表します。

天気の表し方

円形で天気記号を、矢で風向と風力を表します。気温や気圧を書くこともあります。

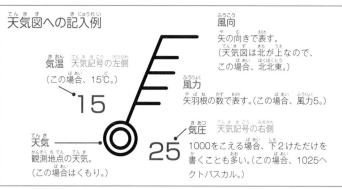

天気図への記入例

風向
矢の向きで表す。
（天気図は北が上なので、この場合、北北東。）

気温　天気記号の左側
（この場合、15℃。）

風力
矢羽根の数で表す。（この場合、風力5。）

15

気圧　天気記号の右側
1000をこえる場合、下2けただけを書くことも多い。（この場合、1025ヘクトパスカル。）

25

天気
観測地点の天気。
（この場合はくもり。）

風向の表し方

風向（風がふいてくる方角）を、16種類で表します。

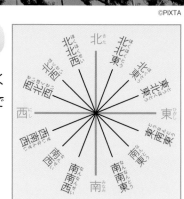

北、北北西、北西、西北西、西、西南西、南西、南南西、南、南南東、南東、東南東、東、東北東、北東、北北東

風力の表し方

風力（風の強さ）を表すときは数字を使います。矢の記号を使う場合は、矢羽根の線の数で表します。

風力	記号	地上10mの風速（m／秒）	まわりのようす
0		0.0 ～ 0.3 未満	静か。けむりはまっすぐに上る。
1		0.3 ～ 1.6 未満	風向きはけむりがなびくことでわかる。
2		1.6 ～ 3.4 未満	顔に風を感じる。木の葉が動く。
3		3.4 ～ 5.5 未満	木の葉や細い小枝がたえず動く。軽い旗が開く。
4		5.5 ～ 8.0 未満	砂ぼこりが立ち、紙がまい上がる。小枝が動く。
5		8.0 ～ 10.8 未満	葉のついた木がゆれる。池やぬまの水面に波頭が立つ。
6		10.8 ～ 13.9 未満	木の大枝が動く。電線が鳴る。かさはさしにくい。
7		13.9 ～ 17.2 未満	木全体がゆれる。風に向かうと歩きにくい。
8		17.2 ～ 20.8 未満	木の小枝が折れる。風に向かって歩けない。
9		20.8 ～ 24.5 未満	えんとつがたおれたり、かわらがはがれたりする。
10		24.5 ～ 28.5 未満	木が根こそぎたおれる。人家に大損害が起こる。
11		28.5 ～ 32.7 未満	広い範囲にわたり、大損害が起こる。
12		32.7 以上	ますます大きな被害になる。

©PIXTA

雲の記号

空に見られる雲の量と種類は、天気の変わり方を予測するのに重要です。
国際式の天気図記号では、雲の量と形を示す記号が、細かく決められています。

雲の量

*空全体を10としたときの雲の割合。

雲量*	0	1以下	2、3	4	5	6	7、8	9または10 すきまあり	10 すきまなし	天空不明
国際式の記号										

快晴

晴れ

くもり

雲の種類

― ― ― ―
層雲…断片
積雲…断片

巻雲

積乱雲

巻層雲

巻積雲

乱層雲

高層雲

高積雲

積雲

層雲

層積雲

気象庁

国際天気図記号

国際的に使われている天気図記号は、WMO（世界気象機関）で定められたものです。日本式の天気図記号より細かい情報が表されています。

国際天気図記号の例

, 霧雨、観測時前1時間内に止み間があった。観測時に弱。

,, 霧雨、観測時前1時間内に止み間がなかった。観測時に弱。

● 雨、観測時前1時間内に止み間があった。観測時に弱。

●● 雨、観測時前1時間内に止み間がなかった。観測時に並。

●●● 雨、観測時前1時間内に止み間があった。観測時に強。

気圧と前線の記号

　ある地点での、大気の圧力を気圧（大気圧）といいます。気圧を観測して、同じ気圧を線でつなぎ、天気図をつくると、その時点での天気のようすを知ることができます。また、大気のかたまりを気団といい、気団と気団との境目が地表と接しているところを前線といいます。気圧や前線は、天気図では記号を使って表されます。

天気図

　地図の上に、等圧線（気圧が同じところを結んだ線）や前線などをかき、ある地域の天気のようすを表した図を、天気図といいます。天気記号や気温をかき入れることもあります。

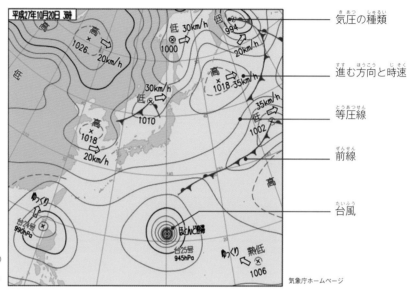

気圧の種類

進む方向と時速

等圧線

前線

台風

➡ 日本とその付近の天気図。

気象庁ホームページ

前線など

前線にはいくつかの種類があります。天気図ではこれらもわかるように表されます。

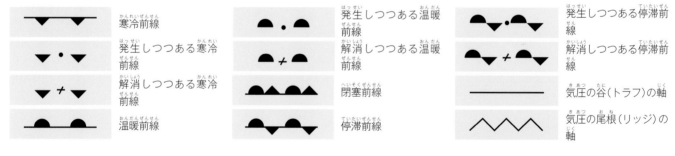

寒冷前線

発生しつつある寒冷前線

解消しつつある寒冷前線

温暖前線

発生しつつある温暖前線

解消しつつある温暖前線

閉塞前線

停滞前線

発生しつつある停滞前線

解消しつつある停滞前線

気圧の谷（トラフ）の軸

気圧の尾根（リッジ）の軸

前線のできるようす

　冷たい気団（寒気団）が温かい気団（暖気団）に向かって移動するときに寒冷前線ができます。温かい気団が冷たい気団に向かって移動するときに温暖前線ができます。寒冷前線が通過すると風が強まり、強い雨が降って、気温が下がります。また、温暖前線が通過するときは、雨が強まるとともに、気温が上がるなどの変化があります。

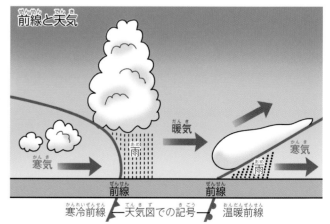

前線と天気

暖気

寒気

寒気

雨

雨

前線

前線

寒冷前線 ——天気図での記号—— 温暖前線

気圧の種類と最大風速

ふつう、高気圧があるところでは晴れに、低気圧があるところではくもりや雨になります。また、気圧が低くなるにつれて、強い風がふく傾向があります。熱帯地方で発生した低気圧(熱帯低気圧)は風速が速くなり、台風になることがあります。

➡テレビの天気予報で、天気図を使って説明しているようす。高気圧や低気圧の配置、前線のようすから、ある程度天気を予測できる。

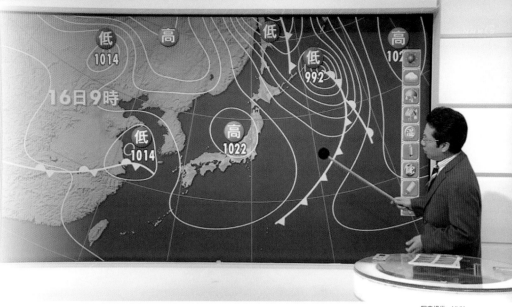

写真提供　NHK

日本式の記号	国際式の記号	高気圧・低気圧の種類	最大風速(1ノットは秒速約0.5m)
高	H	高気圧	
低	L	低気圧	
熱低	TD	弱い熱帯低気圧(Tropical Depression)	風速34ノット未満
台(台00号)	TS	台風(Tropical Storm)	風速34ノット以上48ノット未満
台(台00号)	STS	台風(Severe Tropical Storm)	風速48ノット以上64ノット未満
台(台00号)	T	台風(typhoon)	風速64ノット以上

気温や降水量を色で示す

各地の気温や降水量などを、数値ごとに色分けすると、全国の天気の状況や傾向がひと目でわかります。

気象庁のホームページでは、各地の気温、降水量、風の状況などを見ることができます。

➡1日の最高気温を色別に表した図。

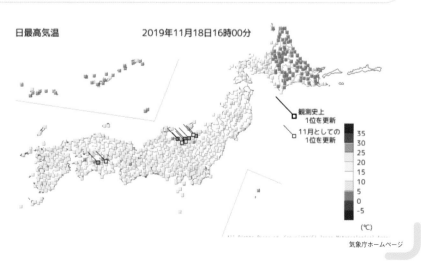

日最高気温　　2019年11月18日16時00分

観測史上
1位を更新

11月としての
1位を更新

35
30
25
20
15
10
5
0
-5

(℃)

気象庁ホームページ

さまざまな気象現象の記号

国際式の天気図記号には、さまざまな気象現象を表すものも、細かく決められています。たとえばかみなりを表す記号が３種類もあります。このほかにも、にじ、しも柱、降灰など、日本式の天気図記号にはない変わった記号がたくさんあります。

電気の現象

光が見えたり音が聞こえたりする激しい電気現象です。

←雷電
電光が見え、雷鳴が聞こえる激しいかみなり。にわか雨をともなうことが多い。

←電光（稲光）
雲と雲の間、または雲と地面の間で起こる発光現象。

←雷鳴
電光にともなってゴロゴロとなる音。20ｋｍ以上はなれると聞こえないことが多い。

光の現象

太陽や月の光の反射、屈折などによって起こる光学現象です。

←にじ
むらさきから赤の光の色の帯。月によってできることもある。

↑日のかさ

↑日光冠

↑月光冠

↑彩雲

←日のかさ
高いところにある雲を通して太陽を見る形になると、まわりに円形に現れる。

←月のかさ
高いところにある雲を通して月を見ると、まわりに円形に現れる。

←日光冠
太陽がもやや霧の中にあるとき、太陽のまわりに小さな環が見える。

←月光冠
月がもやや霧の中にあるとき、月のまわりに小さな輪が見える。

←彩雲
雲に帯状の色彩が現れる。不規則な形になることもある。

水の現象

水滴が、大気中にただよったり、地面についたりして起こる現象です。

⦿しも柱

地中の水分が柱状の氷の結晶になって地面に出てきたもの。

⦿樹氷

0℃以下になってもこおらなかったきりのつぶが樹木などにふきつけられてできた白色不透明な氷。

⦿しも

大気中の水蒸気が氷状になって地面などについたもの。

⦿結氷

気温が下がることによって、水たまりなどの表面に氷がはること。

⦿つゆ

空気中の水蒸気がかたまって水滴になり、地面などについたもの。

⦿凍露

つゆがこおってしもになったもの。

⦿樹霜

大気中の水蒸気が氷状になって樹木などについたもの。透明度が高い。

⦿氷霧

細かな氷の結晶が大気中に浮遊して、視程が1km未満の状態。

↑しも

↑結氷

↑つゆ

↑樹霜

⦿雪

右のようにいろいろ組み合わせて使われる。

⦿ふぶき

⦿みぞれ

⦿雪あられ

ちりの現象

水分をふくまないつぶが、大気中にただようなどして起こる現象です。

⦿降灰

爆発で空中にふき上げられた火山灰が降り積もる現象。

⦿煙

何かが燃えて生じた小さな粒子が大気中にただよっている現象。

⦿黄砂

大陸の黄土地帯などでふき上げられた多量の砂じん*が降る現象。*砂ぼこり、砂けむり。

⦿じん旋風

地面からふき上げられたちりなどが柱状になって旋回している現象。

↑黄砂

©PIXTA

地震や竜巻の記号

私たちをおびやかす自然災害には、台風、落雷、竜巻、地震、津波など、いろいろなものがあります。地震の大きさや、竜巻の強さについての記号もあります。こうした記号によって、災害の規模や被害状況をいち速く推定することができるので、救援活動にも役立ちます。

竜巻

兵庫県南部地震による被害（1995年1月）　©PIXTA

竜巻の強さ

竜巻の強さは、被害の状況から風速を大まかに推定したJEFという値で表されます。JEFの値が大きいほど被害が大きく、竜巻が強かったことを示します。

階級	風速(m/s) の範囲(3秒平均)	被害のようす
JEF0	25 ～ 38	飛ばされたもので窓ガラスが割れる。自動販売機がたおれる。
JEF1	39 ～ 52	木造住宅の屋根がわらがはがれる。軽自動車や普通自動車（コンパクトカー）が転がる。通常走行中の鉄道車両が転ぷくする。
JEF2	53 ～ 66	木造住宅のかべがゆがんだり屋根が飛んだりする。普通自動車（ワンボックス）や大型自動車が転がる。コンクリートブロックべいの大部分がたおれる。
JEF3	67 ～ 80	木造住宅の上の部分が大きく変形したり、たおれたりする。鉄骨系プレハブ住宅の屋根ののき先などがこわれたり飛んだりする。アスファルトがはがれ、飛んでいく。
JEF4	81 ～ 94	工場や倉庫の大規模なひさしの屋根がはがれたり、落ちたりする。
JEF5	95 ～	鉄骨系プレハブ住宅や鉄骨づくりの倉庫の上の部分が大きく変形したり、たおれたりする。

JEF1

JEF2

JEF3

震度階級とその状況

日本では、地震の大きさを震度で表しています。震度とは、それぞれの地点での、地震によるゆれの度合いを10段階に分けたものです。

震度3

震度6弱

震度	ゆれのようす
0	人はゆれを感じない。
1	家の中で静かにしている人のうち、一部の人がわずかなゆれを感じる。
2	家の中で静かにしている人の大半がゆれを感じる。つり下がった電灯などが、少しゆれる。
3	家の中にいるほとんどの人がゆれを感じる。たなの食器類が音をたてることがある。
4	ほとんどの人がおどろく。つり下がった電灯などが大きくゆれる。置き物がたおれることがある。
5弱	多くの人がこわいと感じ、ものにつかまりたいと感じる。たなの食器類や本が落ちたり、家具が動いたりする。
5強	ものにつかまらないと歩けない。家具がたおれたり、ブロックべいがくずれたりする。
6弱	立っていることが難しい。固定していない家具の大半が動いたりたおれたりする。かべのタイルや窓ガラスが割れ、落ちる。木造住宅ではたおれるものもある。
6強	はわないと動くことができない。大きな地割れや大規模な地すべりが起こることがある。
7	耐震性の低い木造建築は、かたむくものやたおれるものが増える。耐震性の低いコンクリート造の建物では、たおれるものが多くなる。

震度1

震度5弱

震度7

マグニチュードと地震の規模

震度が各地点のゆれを表すのに対し、マグニチュードは地震の規模を表します。ある地点で震度が小さくても、遠くで起こった地震であれば、その地震のマグニチュードは大きい場合もあるのです。

M

マグニチュードを表す記号

地震の規模と過去の主な地震

M（マグニチュード）		地震の規模	例
	M8.0以上	巨大地震	東北地方太平洋沖地震（2011年）
M7.0以上		大地震	関東地震（1923年）
			兵庫県南部地震（1995年）
			熊本地震（2016年）
M5.0以上M7.0未満		中地震	新潟県中越地震（2004年）
M3.0以上M5.0未満		小地震	
M1.0以上M3.0未満		微小地震	
M1.0未満		極微小地震	

NDC
030

監修 太田幸夫

改訂版 NEWマーク・記号の大百科 全6巻
②算数や理科、気象

学研プラス 2020 48P 26.5cm
ISBN978-4-05-501315-4 C8301

監 修	太田幸夫
イラスト	小俣千登勢、池田デザイン事務所、黒木博
表紙画像	「Yahoo!天気・災害」、JIS C0617 09-09-07、JIS C0617 10-04-01
装 丁	辻中浩一・小池万友美（ウフ）
本文デザイン	isotope
編集協力	大悠社
文	大悠社（大島善徳　西田哲郎）

改訂版 NEWマーク・記号の大百科 全6巻
②算数や理科、気象

2020年2月18日　第1刷発行
2024年1月31日　第4刷発行

発行人　土屋 徹
編集人　芳賀靖彦
企画編集　澄田典子　冨山由夏
発行所　株式会社Gakken
　　　　〒141-8416 東京都品川区西五反田2-11-8
印刷所　TOPPAN株式会社

この本に関する各種お問い合わせ先
●本の内容については、下記サイトのお問い合わせフォームよりお願いします。
　https://www.corp-gakken.co.jp/contact/
●在庫については　Tel 03-6431-1197（販売部）
●不良品（落丁、乱丁）については　Tel 0570-000577
　学研業務センター　〒354-0045 埼玉県入間郡三芳町上富279-1
●上記以外のお問い合わせは　Tel 0570-056-710（学研グループ総合案内）

特別堅牢製本図書

◆監修　太田幸夫（おおたゆきお）
グラフィックデザイナー。多摩美術大学教授、日本サイン学会会長、NPO法人サインセンター理事長を経て太田幸夫デザインアソシエーツ代表、一般財団法人国際ユニバーサルデザイン協議会評議員。非常口サインを世界標準の図記号にするなど、ピクトグラムデザインにおいて国の内外で活躍。
おもな著書に、『ピクトグラム［絵文字］デザイン』（柏書房）、『ピクトグラムのおはなし』（日本規格協会）、『記号学大事典』（共著／柏書房）、『サイン・コミュニケーション』（共編著／柏書房）、『世界のマーク-由来や意味が分かる343点』（監修／主婦の友社）、『マーク・記号の大百科』全6巻（監修／学研）、『決定版 まるわかり記号の大事典』（監修／くもん出版）などがある。

参考文献
『ピクトグラム［絵文字］デザイン』太田幸夫／著（柏書房）
『記号学大事典』坂本百大・川野洋・磯谷孝・太田幸夫／編集（柏書房）
『マーク・記号の大百科』太田幸夫／監修（学研）
『記号の図鑑』全5巻　江川清　太田幸夫／編著（あかね書房）
『決定版 まるわかり記号の大事典』太田幸夫／監修（くもん出版）
『記号とマーク・クイズ図鑑』村越愛策／監修（あかね書房）
『記号の事典［セレクト版］第3版』江川清　青木隆　平田嘉男／編（三省堂）
『しらべ図鑑マナペディア　マークと記号』村越愛策／監修（講談社）
『世界のサインとマーク』村越愛策／監修（世界文化社）
『もっと知りたい！図鑑　マーク・記号まるごと図鑑』村越愛策　児山啓一／監修（ポプラ社）
『世界のマーク-由来や意味が分かる343点』太田幸夫／監修（主婦の友社）
『よくわかる！　記号の図鑑』全5巻　木村浩／監修（あかね書房）
『見ながら学習　調べてなっとく　ずかん　数字』中村滋／監修（技術評論社）
『数学記号の誕生』ジョセフ・メイザー／著　松浦俊輔／訳（河出書房新社）

※本書は、『NEWマーク・記号の大百科』（2016年刊）を改訂したものです。